クロスフィットのための 先進的なメンタル強化 トレーニング:

ビジュアライゼーションであなたの能力を最大限に 伸ばす

ジョゼフ・コレア

公認瞑想インストラクター

著作権

© 2016 FInibi Inc

All rights reserved

アメリカ合衆国著作権法 107 条及び 108 条において許可されたこの作品のいずれの部分においても、著作権者の許可なしに複製または翻訳をすることは違法行為です。

この出版物は扱われている内容に関して、正しく信頼性のある情報を提供することを意図するものです。作者も出版社も、医学的アドバイスを理解の上でこれを販売するものではありません。医学上のアドバイスや相談が必要な場合は、医師の診断を受けてください。この本はガイド本であり、健康を害することに使用することはできません。この本に掲載された方法で、瞑想またはビジュアライゼーションを開始する前に、ご自身に適切であるかどうか医師に相談してください。

謝辞

どんな時も私を支援し、信じ続けてくれた家族へ

クロスフィットのための 先進的なメンタル強化 トレーニング:

ビジュアライゼーションであなたの能力を最大限に 伸ばす

ジョゼフ・コレア

公認瞑想インストラクター

クロスフィットのための 先進的なメンタル強化 トレーニング

目次

著作権

謝辞

はじめに

著者について

ビジュアライズすることとは？

なぜビジュアライゼーションが大切なのか？

第1章：クロスフィットの能力を高めるビジュアライゼーション

第2章：クロスフィットのために、いつビジュアライゼーションを行うべきか

第3章：クロスフィットのためのビジュアライズの準備をするときの、最適な瞑想テクニック

第4章：快適な環境の中で、ビジュアライゼーションの準備をする

第5章：ビジュアライゼーション体験を最大限にし、パフォーマンスを向上させるための呼吸法

第6章：クロスフィットのビジュアライゼーションの成果を最大限にする適切な食生活

第７章：クロスフィットの成果の向上のためのビジュアライゼーションテクニック

第８章：ビジュアライゼーションテクニック： モチベーションのビジュアライゼーション

第９章：ビジュアライゼーションテクニック： 問題解決のビジュアライゼーション

第１０章：ビジュアライゼーションテクニック：目標を明確にするビジュアライゼーション

第１１章：クロスフィットの成果を最大に得るためのビジュアライゼーションの方法

第１２章：クロスフィットにおけるモチベーションのビジュアライゼーション

第１３章：クロスフィットにおける問題解決のビジュアライゼーション

第１４章：クロスフィットにおける目標を明確にするビジュアライゼーション

あとがき

この著者の他のタイトル

はじめに

この本では、ビジュアライゼーション（ビジュアリゼーション、可視化ともいう）テクニックを通して、大きく変化をし精神的にも感情的にもやり遂げる力をつけます。

あなたは、ベストになりたいですか？ベストになるには身体的にも精神的にも、能力を最大限にするまでトレーニングをしなくてはなりません。ビジュアライゼーションは一般には、上達や変化など目に見えないことを数字で表すことができないものに対する考え方なのですが、現実ではビジュアライゼーションは、他のどの方法よりも成功のチャンスを高めます。

どんな状況でもあなたのパフォーマンスを高めることが証明されている、３つのビジュアライゼーションテクニックを学びます。

1. モチベーションのビジュアライゼーションテクニック
2. 問題解決のビジュアライゼーションテクニック
3. 目標を明確にするビジュアライゼーションテクニック

クロスフィットのビジュアライゼーションテクニックで、役立つこと：

- 試合などで勝つことが増える。
- 精神的により強くなる。
- 試合で長く勝ち残る。
- 次のレベルへ到達する
- 早く回復ができてトレーニングも長くできる。

クロスフィットのための 先進的なメンタル強化 トレーニング

それは可能なのでしょうか？ビジュアライズすることは感情やストレス、不安、そして成功と失敗の差でもあるプレッシャーの中でのパフォーマンスを、より上手にコントロールするするのに役立ちます。

どんなスポーツでもベストの状態で、本当の能力を手に入れるのは、バランスのとれたトレーニング法によってのみ可能になります。それは、メンタルトレーニング、身体的トレーニングと適切な食生活です。

なぜもっと多くの人が、クロスフィットのパフォーマンス向上のために、ビジュアライゼーションを使わないのでしょうか？理由はいくつかありますが、経験がない、新しいことをすることに不安があるというのが事実のようです。他にもメンタルな能力を高めても変わらないという考えの人もいますが、それは間違いです。

定期的に、クロスフィットのビジュアライゼーションテクニックの練習をすると次のことができるようになります。

- 筋肉の緊張を和らげ、負担を減らすことで、肺活量が増える。
- トレーニング後の回復がより早くなり、筋肉のストレスを減らす呼吸法を使って試合を行うことができる。
- プレッシャーに打ち勝つことができる。
- それほど疲れずに、よりハードで長いトレーニングができる。
- 筋肉のけいれんや損傷を減少する。
- ストレスの多い状況でも、感情のコントロールを向上することができる。
- 不可能と思っていたことに結果が出せる。

ビジュアライズすることは簡単ではありませんし、一定に練習し続ける必要があります。だからこそ実行して、栄光を掴んでください。ビジュアライゼーションでメンタルの限界まで近づき、ベストの自分を発揮してください。

クロスフィットのための 先進的なメンタル強化 トレーニング

著者について

公認の瞑想インストラクターとして、心と定期的なビジュアライゼーションがパワーに結びつくと強く信じています。

プロアスリートとしても競技をしていて、何があなたの心をよぎるか、緊張とプレッシャーがどれほどパフォーマンスに影響するかを痛感しています。

私の人生の中で、3つの大きな変化はウェイトトレーニングによるアプローチから、より食生活を重視し、柔軟性の向上、そして私のパフォーマンスと人生を大きく変えた**メンタルに焦点を当てたアプローチ**に変えたことです。

ビジュアライゼーションは、実際に起きる前の試合のシュミレーションをすることで、感情と思考のコントロールに役立っています。

私の知識と継続しているビジュアライゼーションは、人生のあらゆる面で恩恵をもたらし何年もの間、より健康的で強く生きることにとても役立っています。あなた自身の成長と達成できることのすべてにもっと脳を使うと、もっとビジュアライゼーションを続けたいと思うようになります。

一貫して熱心にビジュアライゼーションのトレーニングをすると、その成果に心の底から驚くことでしょう。

ビジュアライズすることとは？

ビジュアライズすることとは、どのように自分のパフォーマンスを向上して、自己最高新記録に到達できるか、心でイメージする練習のことです。空想ではあなたの成果を変えることはできません。でもビジュアライゼーションでは、イメージプロセスのすべての部分をコントロールして、立ち向かい克服していくのを繰り返し見ることで、的確なシナリオを再現することができるのです。

通常は、座ったり横になります。目を閉じて、起きると決めた心の映像を作り出す、正しい思考を持つ準備をします。あなたは、外見や様子、どのように始めるか、どんな気持ちか、どんな結果になるかを選び始めます。目標は、実際のトレーニングや試合で最高の能力に届くまで、自分が思い通りに頻繁に、向上発展するのを見ることで、心の習慣をポジティブに変えていくことです。

あなたがどれだけ真剣に取り組むかが、ビジュアライズに大きく変化をもたらします。ビジュアライゼーションのセッションの際には予定の時間をとっておきましょう。セッションは、向上できる具体的なこと、パフォーマンスの成果、不安や緊張をコントロールする力、感情や怒りの発生をコントロールする力、環境の変化に対する適応能力、考え方、パフォーマンス時の自信のレベルなどに、役立てることができます。

クロスフィットのための 先進的なメンタル強化 トレーニング

ビジュアライゼーションは、パフォーマンスにパワフルな効果をもたらします！

ビジュアライゼーションには静かで邪魔が入らず、ベストの能力に集中することができる環境が必要です。現実の生活において実現したいことを、心の映像として作り出すことは、体をよりよい状態に準備することにもなります。

あなたの心を、違うシナリオやシチュエーションをイメージするようにトレーニングすることは、経験豊かにします。より深く集中する能力を高め、より詳細にイメージできるようになると、ビジュアライゼーションセッションで、理想的な集中力レベルに達するでしょう。それが目標です。

なぜビジュアライゼーションが大切なのか？

日常的なビジュアライゼーションは、日々の生活の中でもポジティブな効果をもたらすことができますが、最も大切なことは、運動パフォーマンスへの効果です。あなたのパフォーマンス全般を、自然に長い間持続して高めたいのであれば、ビジュアライゼーションは最適です。

ビジュアライズすることとは？

ビジュアライゼーションテクニックは、何世紀にも渡って行われていたのですが、運動競技の世界では数十年前

まで日常的に行われてはいませんでした。他の数々のアスレチックトレーニング、例えばウェイトトレーニング、ストレッチ、ジャンプトレーニングや他のトレーニング方法などに比べて、ビジュアライゼーションは、ポピュラーではありませんでした。

それはなぜでしょう？その答えは簡単で、評価やテスト、身体的にも成果を目の当たりにすることが難しいため、注目されてこなかったのです。実際の成果としては、能力をさらに伸ばし、自信を持って目標を達成できるようになります。しかもそれまでと比べて頻繁に、達成できるようになるのです。

覚えておいてください。あなたの心が、あなたの体をコントロールします。心は限界をなくし、解放することができるのです。もしあなたが自分を小さすぎる、背が低くすぎる、遅すぎると思っているのなら、それは身体的な平凡さを判断しているからなのです。もしアスリートのグループが、みんな身体的に同じで、同じように高くジャンプして、速く走ることができたら、最終的に別々の結果が出るでしょうか？どうしてある人が他の人より、優れているのでしょうか？それは結局、精神的に強く、どんな環境でも精神的な障害に打ち勝つことができる能力に長けているか、にかかっているのです。

もしみんなが同じように、一生懸命努力してトレーニングをしても、心は違います。ビジュアライゼーションは、心のパフォーマンスを向上する方法です。**だとしたら、**

ビジュアライゼーションのセッションは、試合で打ち勝つための究極のトレーニングの手段になるのです。

なぜみんなもっと強く、速く、もっと動けるようにと懸命に努力するのでしょうか？ それは単純に一番早く効果的に成果を上げることができるであろう方法で、パフォーマンスを高めたいからです。

私は、身体的に一生懸命努力をして、試合の過酷さとストレスに立ち向かうための体づくりをすることには、全く同感です。しかし、どんなスポーツや運動でも、心、マインドは最も重要なのです。

なぜマインドが一番大切なのでしょう？大体、もし始める前からできないと思ったら、どれだけ腕立て伏せ、腹筋、スクワット、カール、スプリントをしても、単純にやり遂げることはできません。成功の多くは、始まる前から起こりうることとして決まっています。あなたが、やり遂げることができると決めたら、脳が達成できるように障害があろうとも働くのです。反対に、自分にはできないと思ったら、どんなに頑張っても、成功するのは難しくなるのです。

第1章： クロスフィットの能力を高めるビジュアライゼーション

近年アスリートは、ケガをしないで身体的なパフォーマンスを高めるには、3つのことが必要ではないかと認識するようになりました。

1. 柔軟性、敏捷性、動きやすさを高める必要がある。
2. トレーニングや試合の後、早くて質の良い回復が必要である。
3. 起こりうるすべてのタイプの内面と外面のコンディションに、精神的に準備しておく必要がある。

はじめに、ヨガと長時間のストレッチは大変人気が出て、現在では通常のトレーニングとして認識されています。これは定期的にトレーニングを行っていないと起きてしまう、肉離れやケガを軽減しました。スポーツに特化した、ウェイトトレーニングとレジスタントトレーニングは、より一般的になりアスリートが試合で優位に立つために行われています。

次に、スポーツドリンクや栄養サプリメントも改良され、全体の食生活も改善されています。適切な食事と、トレーニングや試合の前後に、体に必要なものをとることは必要不可欠です。 これはアスリートが、より長い期間活躍できるようになった主な理由の一つです。またそれは世界記録が塗りかえられ、トップアスリートが過去には

不可能とされていた頂点に到達している理由でもあります。これだけではありませんが、多くのアスリートが、パフォーマンスを進化させている主な理由の一つなのです。

３つ目に、あなたがこの本を読んでいるということが、未来の成果を変える理由です。ビジュアライゼーションテクニックをトレーニングの一環として始めると、強い精神力と感情の準備が一番早く起こり、あなたのパフォーマンスに最もパワフルな影響を与えます。もはやビジュアライゼーションが、パフォーマンスを新しいレベルへ高めるということは秘密でもなんでもありません。ですが未来に比べ今はまだそれほど行われてはいないので、他の人が行う前に今すぐに始めて成果を手に入れましょう。

多くのコーチとインストラクターは、生徒たちに通常の基本としてヨガやストレッチをするよう要求します。将来はほとんどのコーチが生徒たちに、ビジュアライゼーションや瞑想を、毎日や毎週ごとに行うように求めるようになると考えられます。

成果が出るまで何回ビジュライズをすればいいのでしょう？

どれくらい頻繁にビジュアライズをすればよいかは、あなたの集中できる能力と必要性によります。もしビジュアライゼーションを始めたばかりであれば、１日おきに行うようにすると、セッションの間を１日休むことができます。集中力を失わずに、ビジュアライズを行うことができると感じる人は、毎日１０分から３０分行ってもよいでしょう。ビジュアライゼーションを定期的に行っている人は、毎日３０分行うのがよいでしょう。

始めにここで、ビジュアライゼーションテクニックを学び、身につけることをおすすめします。特別な試合やトレーニングが近づいたら、セッションの頻度を減らし準備をして調整することによって、ビジュアライゼーションの効果を最大限に発揮することができ、特定の時間にパフォーマンスを高めることができます。

ビジュアライゼーションが上手になるには練習が必要ですし、心の目を通してあなたの可能性を開いたり、そのことが起きる前にどうなりたいのかシンプルにイメージするメンタルスキルを身につけたりすることが必要です。

ビジュアライゼーションは、パフォーマンスをどう高めるのでしょう？

アスリートは多くのスポーツにおいて、身体的なピークを迎え、その後１０年ほどを鍛錬に費やすものであると考えられます。テクノロジーの進化やアスリートの試合に臨む姿勢、それは皆が他のアスリートより新しく競争力があり、優位になれる方法を探し求めているということも理由として挙げられます。この新しい強みは、心と主にビジュアライゼーションテクニックのバリエーションによるもので、心に続いて身体的にも行う特定の運動のシュミレーションをしたシナリオによるものです。多くのアスリートが、計画を立てずに単純に試しては失敗することから学びます。しかし、ビジュアライゼーションと心のシナリオのシミュレーションを身につけることは、あなたの準備と根本的にどうパフォーマンスするかを変えるでしょう。

ビジュアライゼーションは、あなたのパフォーマンスをいろんな面で高めます。それは次のとおりです。

1. 筋肉の緊張をさらに和らげ、前もってではなく実際パフォーマンスをする時のために、努力を保持します。
2. 試合やトレーニングの前後にエネルギーを効率的に使うために、心拍数をコントロールして感情や不安をコントロールします。
3. 通常は他をしのぐような、ベストのアスリートでも弱体化してしまうような極度のプレッシャーや、時々発

生してしまう通常でない状況の中でも、ベストのパフォーマンスをすることができます。

4. 恐れや心配、緊張に前向きにアプローチができます。圧倒されているような時に、恐怖を克服する術を見いだすことは難しいことのように思えます。ですがそのような状況を心で練習して、克服することをイメージすることで準備しておくことができるのです。試合前の緊張は、いたって自然の反応で、主に恐れと未知に対する恐れによるものです。ビジュライズをする時、その状況をスローモーションでイメージし、考え抜くことができます。そして現実において、多くのアスリートが期待外れの結果に陥ってしまう２つの主な原因である、プレッシャーを感じたり焦ったりすることがなくなるのです。

5. 呼吸法やビジュアライゼーションをすることで、心をリラックスさせ、体の警戒態勢を和らげるおだやかな環境をつくることで、試合やトレーニングの後の回復力を向上させることができます。体の警戒態勢は、不安、アドレナリン、ストレス、感情的な緊張を感じていることから起き得ます。回復力の向上は、アスリートにとって回復の早さと長期間における結果を向上させる、素晴らしい成果のひとつです。アスリートの中には試合と試合の間の回復に、短い休息時間や数日しかとれない人もいます。ですから、おだやかに気を静め早く回復することは、メンタル面でも身体面においても大きな前進なのです。

6. プレッシャーの中や、思い通りに力が発揮できなかった時に、人と自分に対して怒りのレベルを下げることができます。これはイライラすることかもしれませんが、ゆっくり呼吸をして考えを落ち着かせることで、前向きで生産的に反応することにつながるのです。思い通りにいかないと、多くのアスリートが否定的になり、アスリートとしての才能を向上する未来の可能性すべてを低下させることにしかなりません。ビジュアライゼーションを使うことは、感情のコントロールとネガティブな感情の突拍子もない発生に役立ちます。これらは調子のいいような時に理由もなく現れ、期待外れの結果を招いてしまいます。

7. 集中力が高く、長い時間続くようになります。すべてのスポーツの鍛錬において長い集中力が必要、というわけではないのですが、短い瞬間に集中するような場合でも、新しいピークに到達し一歩引いてみる、その間に違いが現れます。ビジュアライゼーションには集中に時間をかけることが必要で、どういうことが起きたらいいのかを詳細に、望むような環境を作り出すのに必要な間長くイメージすることが必要です。これはビジュアライゼーションテクニックの習得を通して身につく、大変役に立つ手段となるでしょう。

8. 自分自身に対して、おだやかで安定して気持ちでいられます。これは人によっては優先的ではないかもしれませんが、成熟したスポーツ人生を送りたい人にとっては役に立ちます。

9. 起こりうるすべての結果に対して準備をしておくことで、日々の自信を高めます。それらに対する反応をビジュアライズすることで、成功への道のりへ導くことができ、失敗を避けることができます。**自信を伸ばすということは難しく、定期的に成功した結果によるものです。しかし、心でできるだけ何度も見ることによって、現実になるのです。**ビジュアライゼーションの時間を持つことは、人生のあらゆる面で自信につながり伸ばすことになるでしょう。

10.　パフォーマンスや競技において、注意散漫な状態を減らします。　注意散漫は、ベストを尽くそうとする時に、深刻な問題につながる恐れがあります。不必要に場所や人を見ないようにする練習をし、ビジュアライゼーションをすることで、間違いなく目標を達成するために鍛錬しましょう。

クロスフィットのための 先進的なメンタル強化 トレーニング

第2章： クロスフィットのために、いつビジュアライゼーションを行うべきか

身体的に最善を尽くしたにも関わらず、スポーツの上でピークに達していない場合は、ビジュアライゼーションを行うべきでしょう。アスリートのビジュアライゼーションは、パフォーマンスのへのストレスにうまく対応するため、感情的な目的で利用することもできます。他にも、未だ到達していない目標へ到達するために行ってもよいでしょう。どの場合でも、ビジュアライゼーションはあなたのパフォーマンスを高めるためのもので、効率よくスケジュールを立てた上で、練習をするべきです。

ビジュアライゼーションは、目覚めた時、日中や寝る前に行うことができます。あなたが最も効果的だと感じて、じっとしたまま静かでリラックスした環境で、心のイメージに集中することができる有益な時間を持てるか、ということが重要です。

試合やトレーニングの前

ベストな成果をもたらすために、ビジュアライゼーションは試合や練習の前日か前夜に行いましょう。そうすることで、あなたの望む成果をしみ込ませた思考を、心に受け入れさせるチャンスを与えるのです。競技の際にどれが一番自分に合っているのか、異なるビジュアライゼーションテクニックやシナリオを練習しているアスリー

トは、前夜のビジュアライゼーションを１５分ほどに短くして、眠りを妨げないようにしましょう。

試合やトレーニングの後

ビジュアライゼーションを行うことで、試合やトレーニング後の大きな利点の一つは、実際の成果としてすぐに反応を得られることです。ですから瞬時に何をして、何をするべきか新鮮なイメージで、問題を正し解決することができます。

競技を終えたばかりでも、目を閉じて映像が見えるほど情報は新鮮で、イメージはシャープです。ビジュアライズをする時は、実際の瞬間のように詳細に心の映像を作りイメージしましょう。現実により近い、現実のシチュエーションでシュミレーションするのに役立ちます。

試合やトレーニングの後で、ビジュアライゼーション確実に実行することは、あなたの可能性を伸ばし、身体と精神面すべての強さを使うことで、トレーニングを最大限に行うことができます。

ビジュアライズのスケジュールを立てる

週のうち１日か数日を、ビジュアライゼーションをする日に決め、一定の時間を作りましょう。その日はどのよ

うな目的で行うのか決めます。**週１回は緊張を取り除くことに集中し、週２回は自信をつけることに集中し、週３日は目標を達成することに集中する**というようにしてもよいでしょう。どのくらいの時間行うのかを決めておくと、他の用事で焦ったりセッションを短くしなくてすみます。

邪魔が入ったり、セッションを最後まで終わらせることができない場合を考えて、念のために他の日に予備の時間をとっておくとよいでしょう。

根気よく続けていると成果が現れますから、５、６時間かけて全部行おうと無理しないでください。それでは長期間の成果を得ることはできません。長期間の成果 を得るためには、２０分から４０分のセッションを定期的に行うのがよいでしょう。

第3章：クロスフィットのためのビジュアライズの準備をするときの、最適な瞑想テクニック

なぜビジュアライズの準備に瞑想を行うのでしょう？

ビジュアライゼーションの効果を最大限に引き出すためには、あなたの可能性を受け入れ開花させるために、心と体を完全にリラックスさせる必要があります。瞑想はシンプルに思考に集中し、呼吸テクニックと組み合わせることで、達成したいことに向けて集中力を高めることができます。アスリートの中にはトレーニングや試合の後に、ストレッチやヨガをする人がいますが、それが瞑想をする準備になります。そして瞑想は、ビジュアライズの準備になります。これはアスリートとしてビジュアライズをする準備の正しいプロセスで、そのため簡単に瞑想テクニックに触れて、ビジュアライズをする準備に役立てます。瞑想はとても素晴らしもので、ビジュアライゼーションを効果的に行いたいのであれば、通常の手順として習慣にするとよいでしょう。

マインドフルネス

マインドフルネスでは、アスリートが現時点で心にある考えそれぞれに集中することを心がけてください。

このタイプの瞑想は、あなたの呼吸パターンを意識させるのですが、呼吸の練習を通してそれを変えようとするものではありません。これはあなたの呼吸パターンを変えるような、他の瞑想の積極的なフォームとは異なり、受動的な形の瞑想です。

マインドフルネスは、世界中で最もよくあるタイプの瞑想の1つで、すべてのアスリートにとって大変役立つものです。

フォーカス瞑想

瞑想をしているアスリートは、思考を、集中して解決したい特定の問題、感情や目標に向けます。

あなたの心から、気を紛らわす邪魔な物事をすべて取り払います。ただ一つの音、目標、思考に集中することに時間をかけることから始めてください。

あなたが達成したい目標に、集中力を再び向けることができる精神状態で、できる限り長い間集中してみてください。

他の目標や考えに変えたくなったら、それはあなたの自由ですし、または最初の音、目標や考えに同じように集中を持続することもできます。

動きの瞑想

動きの瞑想も、あなたに試してほしいもう１つの瞑想のフォームです。これはあなたが、流れるような手の動きのパターンを繰り返しながら、肺に空気が入って出ていく、動きの呼吸パターンに、集中する瞑想のタイプです。目が閉じながら行うので、動きながら始めのうちは、心地悪く感じるかもしれません。でもそのうち、実はとてもリラックスすることに気づき、全身の健康の改善に効果があるでしょう。

心と体の関係が、このタイプの瞑想で最大限に活かせるようになるでしょう。特にじっとしている苦手で、体の自然な流れに合わせ、動き回ることが好きな人にはとても合う瞑想です。この動きはゆっくり行い、繰り返しましょう。コントロールできるようになるとさらに良いです。動きを早くしたり、激しくしたりすると、瞑想の効果がなくなってしまいますので、気をつけましょう。

よくヨガをする人はこのような瞑想が、ヨガの呼吸と動きに似ていると賞賛し、素晴らしいことに気づきます。あなた自身と思考のコントロールを両方を向上します。ヨガの経験がなく、すでに動きの瞑想をしたことのある人は、ヨガベースの運動でのウォーミングアップをすると、動きの瞑想に早く慣れるでしょう。目標はより早く瞑想状態に入ることなのです。そしてヨガの自然な方法で確実に可能になります。ヨガは、柔軟性を向上して、筋力を発達させることにより焦点を当てていますが、動

きの瞑想は、もっと精神状態とゆっくりとした呼吸パターンに焦点が当てられています。

第4章：快適な環境の中で、ビジュアライゼーションの準備をする

ビジュアライズを行うためにどのタイプの瞑想をするか決めたら、快適な環境の中でビジュアライズをするためにあなたの周りを準備しましょう。

用意するもの：ビジュアライズする場所に敷くマット、毛布、タオルまたは椅子。

人によっては旅行や外出先でも使えるタオル、または座ったり仰向けに横になれるマットを使うことを選びます。また、他にはリラックスしすぎて眠ってしまわないように、安定した椅子に座ることを好む人もいます。

私は、集中してなおかつリラックスできる場所として、ヨガマットを敷いて座るのが好きです。時々敷いたままでいいので、まずマットの上でヨガや一定のストレッチングでウォーミングアップをします。ですが旅行中は、ただ厚いタオルを使います。

快適な状態であるということは、正しい心理状態に入るためにとても重要です。適切な準備と器具で始められるように、確認してください。

時間: 前もってどのくらいの時間ビジュアライズをするか決めましょう。

あらかじめどれぐらいの時間、どんな目標でビジュライズをするのか、確認しましょう。シンプルに、ポジティブでいることや呼吸に集中して、約5分から15分の短いセッションから始めてみます。ですが、もし解決したい問題に集中するのでしたら、呼吸パターンを通して、最初にリラックスする十分な時間をとってから、次に身近な問題に対する別の解決に考えを集中し始めるかもしれません。これは10分から1時間まで、あるいはもっと長く、あなたの経験のレベルによって違ってきます。また問題に直面するのに十分集中できる、リラックスした心理状態に入るのにどのくらい時間がかかるかによっても違ってきます。

どのくらいの時間、同じ場所で終わりまで邪魔されず続けられるか、あらかじめ考えておきましょう。例えば、空腹、部屋に入って来る子供たち、バスルームのひびなど。あらかじめ可能な限り、気の散る邪魔な物事を避けておくようにしてください。

場所: ビジュライズのためのクリーンで静かで快適な場所

邪魔の入らない、完全にリラックスして、あなたの心をクリアにすることができる場所を見つけてください。快適でリラックスした心理状態になれる所なら、どこでもかまいません。それは、公園の芝生の上、あなたの部屋やバスルーム、静かな部屋、車の中でもいいのです。完全にあなた次第です。仕事場の近くや、携帯電話が鳴り

振動し続けるような所は避けましょう。携帯電話はオフにしてください！絶え間なく気を散らす邪魔な物、今日気を散らし妨害する主な原因である携帯電話を持っていては、瞑想から必要な効果を得ることは不可能です。

準備: ビジュライズのための体の準備

ビジュライズする前に、体がリラックスしていて、用意ができているか確認しましょう。シャワーを浴びたり、ストレッチをしたり、快適な服を着るなどでもいいでしょう。

空腹や満腹感のないように、始める少なくとも３０分前に何か食べたり、栄養のあるシェイクを飲んでおきましょう。脂肪が少ない食事は、適切な体の準備に理想的です。次の章で栄養の重要性に関して詳しく触れます。

ウォームアップ: 前もってヨガをやストレッチしてリラックスしましょう。

ヨガをしたことがある人は、どれほどリラックスできるかご存知のはずです。ヨガをしたことがない人は、リラックスして落ち着くのにとても役立つので、始めるのによい機会でしょう。瞑想する前のヨガは必要ではないのですが、適切な心理状態になるということが、効果を最大にしてリラックスさせます。ストレッチは、別のよい

方法です。ストレッチは、呼吸運動と組み合わせると、落ち着いて楽な気持ちになります。

メンタリティー: 深い呼吸で心を落ち着かせましょう

呼吸は手軽ですなのですが、呼吸の練習には時間が必要です。呼吸テクニックを練習をする利点は多いのです。

そうすると多くのアスリートが、極度に集中した瞬間の後に、速く回復しているのを実感するでしょう。同じように、息を切らしているときでさえ、集中した状態が継続できることにも気づくはずです。アスリートは、呼吸を学ぶ必要があります！アスリートは、肺の中に入って出ていく空気に集中する必要があります。体が、どう広がって縮むのか、注目してください。鼻と口の中に出入りする空気の動きを聞くことと感じることは、よりいっそうリラックスするのに役立ちますし、呼吸することに集中するために適しています。毎回息を吸い込んで吐き出す度に、もっともっと深いリラックス状態に入っていくことに集中してみましょう。酸素が肺を満たす時はいつも、あなたの体はいっそうエネルギーと、ポジティブな感情に満ちているように感じるでしょう。

環境:気が散らなければ、落ち着いてリラックスできる音楽をかけましょう。

音楽を聴くとリラックスした状態に入りやすいのでしたら、ぜひビジュライズのセッションに加えてください。より集中しリラックスに役立つすべての物を、音楽を含めて使いましょう。

もしサウンドや音楽がない方が、心がクリアで落ち着くのでしたら、音楽は使わないでください。

私は普通、音楽は聴きません。ある音楽は、別の考えやアイデアを思い出させてしまいます。いつもそのことを考えたい訳ではありません。でもそれはただ私の場合に過ぎません。あなたには、音楽が合っているかもしれません。両方試してみてどちらがいいか選んでください。アスリートの中には、試合前にリラックスさせたり、高揚した気分になるように、音楽を聞くことが好きな人もいます。あなたに効果があるものを探して、それを根気よく続けてください。

ビジュアライゼーションの姿勢

ビジュアライゼーションの姿勢についてですが、それは基本的にあなた次第です。間違っていたり、正しい姿勢はありません。ただ、一番集中できる姿勢であるかということだけです。腰や背中サポートのために、椅子に座るのがいいという人もいますし、地面に近いほうが安定するので、タオルの上に座る人もいるでしょう。

座位の姿勢

座った姿勢は、心地悪かったりリラックスしすぎて眠ってしまわないよう、集中できる椅子を探してください。座った時に背中がまっすぐで、背中痛でビジュアライゼーションセッションを中止したくならないよう、きちんと足が床につくことを確認してください。柔らかいクッションを使うと、快適な人もいるようです。

床にひざをつく

床にひざをつきたい時は、靴と靴下を脱いでください。後ろにつま先を向けて、直接かかとの上にお尻をのせて、柔らかいマットやたたんだタオルの上にひざをついてください。背中は、肺がしっかり呼吸できるよう、まっすぐリラックスします。あなたは呼吸によって強いつな

がりを作れるように、スムーズに空気が肺の中に入り出ていく動作を行ないます。

横になる姿勢

マットやタオル、毛布の上に横になって、足と手をリラックスさせてください。手は横に置き、足先は上かに外側を向きます。手はそっと静かにお腹の上に置くか、体の横に置きます。顔は、天井か空に向いています。もし頭が片方に傾むいてしまうようでしたら、長時間集中することが難しく首が凝ってしまうかもしれません。あなたが眠ってしまわない限り、正しくできるのであれば、これは素晴らしいビジュアライズの姿勢です。もしどうしても寝てしまうようでしたら、他の姿勢を選んでください。

蝶の姿勢

この姿勢では、マットやタオルの上に座って、脚を開き、それぞれの足の裏を合わせてくっつけます。ひざは上の方に広がるかもしれませんし、床まで下げることができるかもしれません。快適に感じて、その姿勢でリラックスできれば、ひざの位置は重要ではありません。背骨がまっすぐで、バランスがとれていることを確認してください。

第５章：ビジュアライゼーション体験を最大限にし、パフォーマンスを向上させるための呼吸法

呼吸パターンは、ビジュアライゼーションセッションのペースを設定して、超越した集中状態に入るための鍵です。

ビジュライズしている間、セッションを通して呼吸パターンに集中します。すべての呼吸パターンでは、鼻から吸い、口から吐きます。

リラックスした状態に入っていくので、心拍数は下がり、呼吸が不可欠になります。あなたが使うパターンは、より高いレベルの集中に到達するプロセスを促進します。これらの呼吸パターンを訓練することで、あなたの第２の天性になるでしょう。あらかじめ、遅い呼吸パターンがよいか、速い呼吸パターンが必要か決めてください。遅い呼吸パターンは、リラックスさせ、速い呼吸パターンが、あなたを元気づけます。

ゆっくりの呼吸パターン

あなたの呼吸を遅くするために、ゆっくりと、より長い時間をかけて空気を吸い込み、次に同じようにゆっくりと、吐き出します。アスリートが、このタイプの呼吸をトレーニングの後や、試合の約１時間前に行うと、リラ

ックスするのによいでしょう。空気を吸うことと吐くこととの比率の違いがリラックスのレベルに影響を与え、ビジュアライゼーションの最適なレベルに達する能力つながります。

通常のゆっくりした呼吸パターン: 始めにゆっくりと、鼻からを空気を吸い、そして5まで数えます。そして、ゆっくりと口から吐きながら、5から1まで数えます。完全にリラックスして集中する準備ができるように感じるまで、4回から10回繰り返しましょう。この呼吸パターンでアスリートは、鼻から息を吸って、口から吐くことに集中しましょう。

延長したゆっくりした呼吸パターン: 始めにゆっくりと鼻からを空気を吸い、そして7まで数えます。そして、ゆっくりと口から吐きながら、7から1まで数えます。完全にリラックスして集中する準備ができるように感じるまで、4回から6回繰り返しましょう。

ハイパーアクティブなアスリートのための、ゆっくりした呼吸パターン: 始めにゆっくりと、鼻からを空気を吸い、そして3まで数えます。そして、ゆっくりと口から吐きながら、6から1まで数えます。完全にリラックスして集中する準備ができるように感じるまで、4回から6

回繰り返しましょう。この呼吸パターンで、完全にゆっくりになるはずです。この順番の最後の繰返しで、4秒吸って、4秒吐いて終わり、呼吸が安定します。

極端にゆっくりした呼吸パターン: 始めにゆっくりと、鼻からを空気を吸い、そして4まで数えます。そしてゆっくりと口から吐きながら、10から1まで数えます。完全にリラックスしてビジュアライズする準備ができるように感じるまで、4回から6回繰り返しましょう。この呼吸パターンで、徐々にゆっくりになるはずです。この順番の最後2回の繰返しで、4秒吸って4秒吐いて終わり、呼吸が安定し呼吸の比率バランスがとれます。

瞑想前の安定した呼吸パターン: これはすでに落ち着いていて、すぐに瞑想に入りたい人のためによい呼吸パターンです。始めにゆっくりと、鼻からを空気を吸い、そして3まで数えます。そして、ゆっくりと口から吐きながら、3から1まで数えます。完全にリラックスして集中する準備ができるように感じるまで、7回から10回繰り返しましょう。この呼吸パターンでアスリートは、鼻から息を吸って、口から吐くことに集中しましょう。

速い呼吸パターン

速い呼吸パターンは、エネルギッシュに試合に出るアスリートのために大変重要です。このタイプの呼吸パターンが、ビジュアライズする時に効果的で、瞑想前と同じぐらい役立つでしょう。非常に落ち着いていて心のコントロールが必要なアスリートは、これらの呼吸パターンを使って、ビジュアライズする準備に入りたくなるかもしれません。

通常の速い呼吸パターン: 始めにゆっくりと、鼻からを空気を吸い、そして５まで数えます。そして、ゆっくりと口から吐きながら、３から１まで数えます。完全にリラックスしてビジュアライズの準備ができるまで、６回から１０回繰り返します。この呼吸パターンでは、アスリートは、鼻から息を吸って、口から吐くことに集中しましょう。

延長した速い呼吸パターン: 始めにゆっくりと、鼻からを空気を吸い、そして１０まで数えます。そして、ゆっくりと口から吐きながら、５から１まで数えます。完全にリラックスするまで、５回から６回繰り返します。最初１０まで吸うのが難しかったら、７か８に少なくします。鼻から息を吸って、口から吐くことに集中しましょう。

試合前の速い呼吸パターン: 始めにゆっくりと、鼻からを空気を吸い、そして６まで数えます。そしてすぐに、一息で口から吐きます。完全にリラックスして集中の準備ができるまで、５回から６回繰り返します。この順番の最後２回の繰返しで、４秒吸って、４秒吐いて終わってもよく、呼吸が安定し、呼吸の比率バランスがとれます。

これらすべてのタイプの呼吸パターンがパフォーマンスを高めて、エネルギーや緊張のレベルによって、試合中にも使うことができます。

試合前に緊張するアスリートは、遅い呼吸パターンを使いましょう。

試合前にエネルギッシュになりたいアスリートは、速い呼吸パターンを使うべきです。

不安な場合に備えて、まず遅い呼吸パターン、続いて速い呼吸パターンの組み合わせが、最適な結果をもたらすでしょう。

トレーニングセッションの間や試合の間に、疲れ切ったり息を切らしている時は、通常の速い呼吸パターンをして、速く回復するのに役立ててください。

呼吸パターンは、あなたのエネルギーを蓄えて、より速く回復して、あなたの強度レベルをコントロールする素晴らしい方法です。

第６章：クロスフィットのビジュアライゼーションの成果を最大限にする適切な食生活

ビジュアライズを計画する時に、なぜ食生活は大切なのでしょう？

ビジュアライゼーションセッションの効果を最大限に生かすために、食事やジュース、シェイクでバランスのとれた食事をとることは、とても重要です。体の状態を改善するには、メンタルの強さを向上させる必要があります。特にトレーニングや試合の後に行う、延長したビジュアライゼーションに十分なエネルギーを確保するためにも、食生活の改善が必要なのです。ビジュアライズで、最低限の時間集中し続けることができるようになると、もっと続けたくなった時に長くできるようになります。じっとして長い間集中する時は、栄養状態も良好か確認しましょう。空腹や満腹で気が散ることのないように、前もって気をつけておきます。お腹の調子が悪くなるような食べ物は、ビジュアライゼーションのセッション前には避けましょう。

ビジュアライゼーションの前には、何を飲んだり食べたりすればいいでしょう？

トレーニング前に理想的な、摂取すべき食品は次があげられます。脂肪が少ないタンパク質、オメガ脂肪、野菜、豆類、水です。

あなたのカロリー必要量によって、適切な量を摂取しましょう。

ビジュアライズの準備に役に立つように、栄養価が高く高タンパクのシェイクとジュースの紹介もしています。ビジュアライズの最中に消化プロセスを妨げずに、また始める前に最も高いエネルギー量がとれるようになっています。

このようなシェイクをビジュアライズの３０分から６０分前に飲むとベストな結果が得られて、空腹や満腹から解放され、完全にリラックスしセッションに集中することができます。

時間がなくて正しい食事が取れなくても、最低限体に栄養のあるものを飲みましょう。食事と飲み物に関しては、量ではなく質にフォーカスして、空腹を満たすだけにならないようにします。

タンパク質

脂肪の少ないタンパク質は発達に大変重要で、筋肉組織を修復します。脂肪の少ないタンパク質はさらに気分と同様、機嫌もコントロールする体のホルモン濃度の標準化を助けます。摂取するとよい脂肪の少ないタンパク質は次の通りです。

- ターキー胸肉（できれば未加工）

- 脂肪の少ない赤肉（同様に未加工）

- 卵白

- ほとんどの乳製品

- 鶏の胸肉（すべての自然）

- キヌア

- ナッツ（すべての種類）

オメガ脂肪

オメガ脂肪は手軽に摂取でき、体の機能、特に脳のために大変に重要です。オメガ脂肪が多く含まれているのは次の通りです。

- 鮭（できれば天然で、養殖されてないもの）

- クルミ（スナックとして手軽に持ち運びができる）

- 亜麻仁（シェイクにまぜられる）

- イワシ

脳の機能が改善し、脳全体の健康も促進されることに気づくでしょう。免疫システムも強化されるので、ガンや糖尿病、その他の深刻な健康問題にかかる可能性を減少させます。

野菜と豆類

野菜と豆類は、十分重要視されているとは言えません。食べるのが楽しくなるような野菜を探して、日常の食事に加えてください。年月が経つにつれて、効果を得られることでしょう。人がバランスのとれた食事を摂ることの大切さを話しているのを聞いたら、それは同様に野菜に関連しています。毎日の食事に加えるのに最適な野菜と豆類を挙げました。

- トマト
- ニンジン
- ビート
- ケール
- ホウレン草
- キャベツ
- パセリ
- ブロッコリー
- 芽キャベツ
- レタス
- ラディッシュ
- グリーン、赤、黄色のカラーピーマン
- キュウリ
- ナス

- アボカド

異なるビタミンとミネラルをとるために、バラエティーに富んだ色を摂取するようにしてください。

フルーツ

フルーツもまた、体の能力を最大限に活かして活動するのに必要なビタミンを多く含みます。抗酸化物質がアスリートに極めて重要な体の早期の回復を助けます。トレーニングや試合後に、抗酸化物質の高いフルーツをたくさん食べるようにしてください。フルーツは用意も簡単で食物繊維の大切な供給源です。食生活に加えるのに適したフルーツをいくつか挙げました。

- リンゴ（緑、赤）

- オレンジ

- ぶどう（赤、緑）

- バナナ

- グレープフルーツ（酸味があるが、抗酸化物質が多い）

- レモンとライム（水とまぜてジュースで。外食の時によく水とスライスレモンを注文します。素晴らしい抗酸化物質でもあるのです。）

- サクランボ（砂糖をまぶしていない自然のもの）

- マンダリン

- スイカ

- マスクメロン

水

水と水分補給はあなたの体の発達に非常に重要で、日中のエネルギー量を増やすことができます。ジュースやシェイクを飲むことも役に立つのですが、飲料水の代用にはなりません。あなたが飲む水の量は、心臓や血管のトレーニング量によるでしょう。ここで提案する量は、通常よりも多いかもしれません。多くの人々は、一日少なくともグラス8杯の水を飲むべきですが、たいていのアスリートが10杯から14杯の水を飲むべきです。

私が1ガロンの水の携帯し始めてからずっと、極めて私の健康を改善することができた、水「1日1ガロン」の目標に達することができました。

私が気づいて、たいていの人々も気づくと思われる利点のいくつかを挙げます。

- 頭痛の軽減や解消（脳がより頻繁に水分補給されます）

- 消化の改善

- 日中の疲労感の軽減

- 朝からよりエネルギッシュに活動できる

- 目に見えるシワの減少

- 筋肉けいれん、または筋肉緊張のサインの減少（多くのアスリートによくある問題です）

- 集中力の向上（瞑想中に役立ちます）

- 食事と食事の間の、甘いものとスナックへの欲望の減少

ビジュアライゼーションセッション前によい、シェイクレシピのサンプル

アスリートのための、高タンパクシェイクのレシピの例を紹介します。ビジュアライゼーション前の食事に加えてください。材料や量を変更したければ、自由に変えてください。

ビジュアライゼーションが朝食後の場合

スーパー ミックス シェイク

メタボリズムに応じて、あなたに合うシェイクが見つかるでしょう。甘みのあるシェイクが好きなら、このシェイクをどうぞ。キャラメル、ヘーゼルナッツ、バニラヨーグルトの材料を変えて好きな味に変化させてもいいでしょう。

準備:

すべての材料を高速のジューサーかブレンダーでミックスします。 おいしいシェイクができます。

材料:

- 無脂肪ミルク　12オンス
- 無脂肪バニラヨーグルトかケフィア　大さじ2
- 低脂肪ピーナツバター　大さじ1
- ヘーゼルナッツ　大さじ2
- キャラメルアイストッピング　大さじ1

栄養成分:

- カロリー: 430
- タンパク質: 23g
- 炭水化物: 20g
- 脂肪: 11g

リーンマス バナナ シェイク

筋肉を増やす食事をしている人や、定番としてもマッスルシェイクを加えるとより効果が出ます。簡単に準備ができて、体がタンパク質と栄養素を早く吸収できるのです。

準備:

すべての材料を高速のジューサーかブレンダーでミックスします。 おいしいシェイクができます。

材料:

- 冷凍バナナ　1/2本
- ホイップクリーム（缶ではなく、生クリーム）大さじ2
- 卵　2個
- 水　10-12 オンス

栄養成分:

- カロリー: 320
- タンパク質: 18g
- 炭水化物: 15g
- 脂肪: 9g

スウィートブーストシェイク

他とは全く違う材料を使ったこのシェイクのレシピは、とてもいい例です。混ぜ合わせたタンパク質がとても豊富で、ジムでのパフォーマンスを高めます。

準備:

すべての材料を高速のジューサーかブレンダーでミックスします。おいしいシェイクができます。

材料:

- 中くらいか大きめのバナナ　1本
- 低脂肪牛乳　8オンス
- フラックスシードとアーモンドミックス　大さじ1
- メープルシロップ　小さじ1
- バニラエッセンスかエクストラクト　数滴
- 低脂肪 ナチュラルヨーグルト　大さじ1

栄養成分:

- カロリー: 450
- タンパク質: 19g
- 炭水化物: 16g
- 脂肪: 10g

オレンジ シェイク

免疫力を活性化して筋肉も増やす、すごいシェイクで一日を始めましょう。このレシピはイチゴ とオレンジジュースで、ビタミンCとカリウムが高く筋肉の修復も早めます。

準備:

すべての 材料を高速のジューサーかブレンダーでミックスします。 おいしいシェイクができます。

材料:

- オレンジジュース　8オンス
- バニラエクストラクト　小さじ1
- バナナ　½本
- 冷凍イチゴ　2-3個
- はちみつ　小さじ2

栄養成分:

- カロリー: 291
- タンパク質: 15g
- 炭水化物: 12g
- 脂肪: 5g

アーモンド シェイク ブラスト

オートミール、レーズン、アーモンドとピーナツバターの組み合わせのこのシェイクは、消化を助けます。レーズンの風味がよく、オートミールが他のシェイクとは違う食感を加えます。

準備:

すべての材料を高速のジューサーかブレンダーでミックスします。おいしいシェイクができます。

材料:

- スキムミルク　10-12 オンス
- 生のオートミール　1.2 カップ
- レーズン　1.2 カップ
- 刻んだアーモンド　12個分
- ピーナツバター　大さじ1

栄養成分:

- カロリー: 380
- タンパク質: 18g
- 炭水化物: 15g
- 脂肪: 12g

ワイルドベリーのシェイク

ラズベリーはビタミンCと抗酸化物質の高い食べ物として知られ、抗ガンサプリメントとして、多くの医療専門家が日常的な食事として摂取することを勧めています。通常のスナックをこのヘルシーなドリンクに置き換えることもできます。タンパク質はそれほど高くないのですが、他の高タンパク質のシェイクに代えて、毎日飲んでもいいでしょう。

準備:

すべての材料を高速のジューサーかブレンダーでミックスします。おいしいシェイクができます。

材料:

- ラズベリー　8個

- イチゴ　4個

- ブルーベリー　15粒

- 無脂肪牛乳　16オンス

栄養成分:

- カロリー: 210

- タンパク質: 9g

- 炭水化物: 10g

- 脂肪: 8g

ピーナツ バナナ シェイク

栄養的にこのシェイクには、脂肪の少ないタンパク質と複雑な炭水化物が入っていて、筋肉の成長と回復を増進します。トレーニングの３０分前に飲むと、エネルギーを高めます。

準備:

すべての材料を高速のジューサーかブレンダーでミックスします。おいしいシェイクができます。

材料:

- ピーナツ　1/2 カップ
- バナナ　1/2 本
- スキムミルク　１カップ
- クエーカーオーツ　1/4 カップ
- 塩ひとつまみ

栄養成分:

- カロリー: 230
- タンパク質: 18g
- 炭水化物: 12g
- 脂肪: 5g

人参とパイナップルのシェイク

このシェイクはちょっと変わっているかもしれませんが、本当に体にいいんです。このミックスは他とはとても違うので、あなたのパフォーマンスに合わせて、いくつかの材料の量を減らしたり無くしたりしてもよいでしょう。

準備:

すべての材料を高速のジューサーかブレンダーでミックスします。おいしいシェイクができます。

材料:

- チョコレートミルク　1カップ
- シュレッドした人参　3/4本分
- 冷凍パイナップル　10切れ
- 甘み無添加のシュレッドココナツ　小さじ2
- バニラ　小さじ1

栄養成分:

- カロリー: 220
- タンパク質: 21g
- 炭水化物: 13g
- 脂肪: 13g

ビジュアライゼーションがランチ後の場合

ブルーベリー アップル シェイク

このシェイクの目的は、高レベルのエネルギーを補給することです。また脂肪の少ないタンパク質 は、疲れを取ったり頑張りたい日に適しています。

準備:

すべての材料を高速のジューサーかブレンダーでミックスします。おいしいシェイクができます。

材料:

- 小さめのリンゴ　1/2個 皮付きで小さく切る
- チェリー　1/2 カップ (濃くて甘いもの。種を取る)
- ブルーベリー　1/2 カップ
- ホエイかミルクプロテイン　1/2 カップ

栄養成分:

- カロリー:300
- タンパク質: 39g
- 炭水化物: 18g
- 脂肪: 5g

チェリー バナナ シェイク

２つのおいしい食材が１つのシェイクに入って、たくさんエネルギーを補給します。チェリーとバナナは食物繊維が豊富で、高タンパク質をとった時には体に必要なものです。日夜に関わらずトレーニング前に飲むといいでしょう。

準備:

すべての材料を高速のジューサーかブレンダーでミックスします。おいしいシェイクができます。

材料:

- チェリー　1/2 カップ (濃くて甘いもの。種を取る)
- バナナ　1/2 カップ
- ホエイかミルクプロテイン　1/2 カップ

栄養成分:

- カロリー:300
- タンパク質: 39g
- 炭水化物: 18g
- 脂肪: 5g

エッグマニアシェイク

ヒヨコ豆の緑色は、味に変化をつけるものではありません。タンパク質と炭水化物のバランスのよい組み合わせのシェイクです。

準備:

すべての材料を高速のジューサーかブレンダーでミックスします。おいしいシェイクができます。

材料:

- 卵白　4個分
- バナナ　1本
- ヒヨコ豆　1/4カップ
- パイナップルスライス
- ココナツミルク
- 好みでココナツエクストラクト

栄養成分:

- カロリー:280
- タンパク質: 25g
- 炭水化物: 40g
- 脂肪: 4g

高プロテイン はちみつ シェイク

ジムパフォーマンスの向上には、毎日のタンパク質の量を増やします。高タンパク質で 風味もいいシェイクです。

準備:

すべての材料を高速のジューサーかブレンダーでミックスします。おいしいシェイクができます。

材料:

- 水　1/2 カップ
- ホエイかミルクプロテインパウダー　1スクープ
- はちみつ　大さじ2
- なめらかなピーナツバター　大さじ1

栄養成分:

- カロリー:114
- タンパク質: 34g
- 炭水化物: 5.2g
- 脂肪: 4.5g

フルーツ ミックス シェイク

このシェイクのレシピは朝食としても向いていて、健康的な量の栄養がとることができます。体が必要としている栄養は、1日の始まりに最適です。タンパク質と炭水化物がつまったレシピは、トレーニング時にもエネルギーと強さを補います。

準備:

すべての材料を高速のジューサーかブレンダーでミックスします。おいしいシェイクができます。

材料:

- 刻んだイチゴ　1/2 カップ
- 小さめのリンゴ　1個
- 小さめのプラム　1個
- チョコレートミルク　1 カップ
- なめらかなピーナツバター　大さじ1

栄養成分:

- カロリー:700
- タンパク質: 46g
- 炭水化物: 90g
- 脂肪: 20g

チョコシェイク

ダークチョコレートバーと適切な材料の組み合わせのシェイクは、ジムパフォーマンスと筋肉をつけるのを助けます。

準備:

すべての材料を高速のジューサーかブレンダーでミックスします。おいしいシェイクができます。

材料:

- ダークチョコレートバー　1本
- 卵　4個
- 牛乳　3カップ
- ホエイプロテインパウダー　1スクープ

栄養成分:

- カロリー: 290
- タンパク質: 45g
- 炭水化物: 37g
- 脂肪: 19g

バラエティに富んだシェイク

このシェイクのレシピは体に必要な素晴らしい食物繊維が含まれています。栄養価とビタミンが豊富で、エネルギーが増して元気が出ます。

準備:

すべての材料を高速のジューサーかブレンダーでミックスします。おいしいシェイクができます。

材料:

- 種なしブドウ　4粒
- 生のブラックベリー　0.5 g
- 生のブルーベリー　25 粒
- 生のイチゴ　0.5 g
- 生のパイナップル　薄く1切れ (直径約9 cm x 厚さ約1 cm)
- 生のリンゴ　10 g
- 低脂肪プレーンヨーグルト　0.5 容器 (4 オンス)
- ケール　0.5 g
- オレンジ　0.5 g

栄養成分:

- カロリー: 280
- タンパク質: 48g

- 炭水化物: 31g
- 脂肪: 4.2g

目覚めのシェイク

1日の始まりに最適な、エネルギーが豊富なこのレシピは、筋肉をつけるのにもとてもいいシェイクです。

準備:

すべての材料を高速のジューサーかブレンダーでミックスして、おいしいシェイクができます。

材料:

- 新鮮な中くらいのバナナ　1本
- オーツフレーク　2人分 (60 g)
- なめらかなピーナツバター　大さじ1-2
- 低脂肪ヨーグルト(0% - 1.5%)　1カップ (250 ml)
- すりつぶしたシナモン　大さじ0.5かそれ以下

栄養成分:

- カロリー:650
- タンパク質: 28g
- 炭水化物: 85g
- 脂肪: 10g

ビジュアライゼーションが夕食後の場合

マンゴータンゴシェイク

このシェイクは食物繊維が多く低脂肪なので、同じ日に追加してもよく、1日に2杯のシェイクを飲むことができます。この脂肪の少ないシェイクはジムでの疲労に効果があり、パフォーマンスも向上します。

準備:

すべての材料を高速のジューサーかブレンダーでミックスして、おいしいシェイクができます。

材料:

- 生か冷凍の大きめイチゴ　2個
- オレンジジュース　1カップ
- 生か冷凍のマンゴー　1/2個
- ミルクプロテインパウダー　1スクープ

栄養成分:

- カロリー:250
- タンパク質: 30.5g
- 炭水化物: 52g
- 脂肪: 8.4g

パイナップルとミカンのシェイク

筋肉をつけるのに秘密はありません。トレーニングして正しく食べることです！トレーニング中に十分なエネルギーをとっていないと苦労します。ですから必要な材料を加えることで、強い筋肉をつくるのに大きな差が出てきます。

準備:

すべての材料を高速のジューサーかブレンダーでミックスします。おいしいシェイクができます。

材料:

- 冷凍パイナップル　1/2 カップ
- 缶詰ミカン(マンダリンオレンジ)　1/2 カップ
- はちみつ　小さじ2
- ホエイプロテインパウダー　1スクープ

栄養成分:

- カロリー:150
- タンパク質: 39g
- 炭水化物: 17g
- 脂肪: 11g

ピーナツバターとリンゴのシェイク

シェイクでは、筋肉を増やすのに必要なカロリーとエネルギーをとることができます。このおいしいシェイクのレシピは、筋肉の増強と高レベルのエネルギーの補給に役立ちます。

準備:

すべての材料を高速のジューサーかブレンダーでミックスします。おいしいシェイクができます。

材料:

- プレーンかバニラヨーグルト　3/4 カップ
- ピーナツバター　大さじ2
- バナナ　1本
- 牛乳　1/8 カップ
- 氷　3/4 カップ
- リンゴ　1個

栄養成分:

- カロリー:440
- タンパク質: 22g
- 炭水化物: 50g
- 脂肪: 19g

バナナ スーパー シェイク

バニラアーモンドミルクで素晴らしいプロテインシェイクが作れます。食生活のバランスを崩すことなく、筋肉を増やすことができます。好みによってシナモンを減らしたり、入れなくてもいいでしょう。

準備:

すべての材料を高速のジューサーかブレンダーでミックスしておいしいシェイクができます。

材料:

- バニラアーモンドミルク　1/2 カップ
- 水　1/2 カップ
- バナナ　1/2 本
- シナモン　少々
- バニラプロテインパウダー　1スクープ

栄養成分:

- カロリー:350
- タンパク質: 43g
- 炭水化物: 25g
- 脂肪: 5g

ダークオーツパワーシェイク

ダークチョコレートとコテージチーズ、オートミールの組み合わせ が筋肉の発達を促進します。消化と心臓の強化を向上しながら、高エネルギーがジムでのトレーニングに役立ちます。

準備:

すべての材料を高速のジューサーかブレンダーでミックスします。おいしいシェイクができます。

材料:

- コテージチーズ1/2 カップ　(またはギリシャヨーグルト 1 カップ)
- 水か牛乳　1/2 - 1 カップ　(好みの濃さに合わせて)
- ダークチョコレート　10g
- 生のオートミール　1/2 カップ
- バナナ　1/2 本

栄養成分:

- カロリー:150
- タンパク質: 40g
- 炭水化物: 20g
- 脂肪: 8g

ミルクプロテイン シェイク

筋肉をつけてキープするには、炭水化物とタンパク質を増やすことが必要です。そうすることでハードなトレーニングをこなし、筋肉もしっかりと発達させるエネルギーをとることができます。

準備:

すべての材料を高速のジューサーかブレンダーでミックスして、おいしいシェイクができます。

材料:

- ミルクプロテイン パウダー　1スクープ
- バナナ　1/2本
- スライスアーモンド　1/2 カップ
- 牛乳　8 オンス
- 氷　3 個

栄養成分:

- カロリー:335
- タンパク質: 31g
- 炭水化物: 25g
- 脂肪: 18g

アボカドシェイク

野菜の入ったプロテインシェイクあまり一般的ではありませんが、食生活と体にとても価値があるのでもっと普及されるべきです。アボカドは「スーパーフード」ともいわれ体にとてもいいです。

準備:

すべての材料を高速のジューサーかブレンダーでミックスします。おいしいシェイクができます。

材料:

- アボカド　1/2個
- シュレッドココナツ　大さじ1
- アーモンドミルク　1カップ
- ホエイプロテインパウダー　1スクープ

栄養成分:

- カロリー:300
- タンパク質: 35g
- 炭水化物: 20g
- 脂肪: 8g

第7章：クロスフィットの成果の向上のためのビジュアライゼーションテクニック

ビジュアライズに正しいやり方、間違ったやり方はありますか？

ビジュアライゼーションに、正しいやり方や間違ったやり方はありません。あなたに合うやり方を見つけてください。ビジュアライズに適した環境を整え、適切なテクニックであなたの可能性が広がるように心を向けてください。くつろいだ場所で始められるようにしましょう。瞑想する時は、心地よい椅子、マット、タオルなどを使いましょう。

ビジュアライズでは瞑想を次のレベルに上げ、瞑想のプロセスと大体同じやり方で行います。

ビジュアライゼーションテクニックの主な３つのタイプ:

多くのタイプのビジュアライゼーションがあります。３つの主なタイプが、モチベーションのビジュアライゼーション、問題解決のビジュアライゼーション、目標志向のビジュアライゼーションです。

すべての分野のアスリートが、一般的に、正しい理解をしないでビジュアライゼーションを使うことがあります。ある人たちは、目が覚めている間、白昼夢として行い、またある人たちは、夢の中で起こるので、結果コントロールをしないままになっていることもあります。

ビジュアライズをしている時、あなたは心で見ているすべてをコントロールし、そして好きなように始まりと終わりをデザインできるのです。現実ではいつも計画通りとはいかないのですから、クリエイティブであることは役に立ちます。しかしメンタル面と感情を、すべてのあり得る結果に備えておくことによって、パフォーマンスを発揮する時とても楽になります。最高潮のパフォーマンスとはあなたが「ゾーン」にいる間、ベストでいることを指します。ビジュアライゼーションを通して、心を準備しておくと、最高潮のパフォーマンスを発揮することはより楽になります。

なぜビジュアライゼーションでモチベーションを上げるのか？

中にはプレッシャーを受けると、見ている観客などの目に怯え自信をなくし、するべきことを見失って、モチベーションをなくしてしまう人もいます。ビジュアライゼーションを通して、モチベーションを高め、あなたの心で実感したい思いのように、うまく力を発揮できるように持っていくのです。恐れ、不安、極度の緊張、試合でのプレッシャーを切り抜けさせる脳の可能性を解き放つのです。

問題解決のビジュアライゼーションとは何か？

問題解決のビジュアライゼーションは、よくあるメンタルトレーニングで、すべてのビジュアライゼーションテクニックの中でも、最も有効的です。よくアスリートが、同じ結果のためだけに、同じミスを繰り返してしまうことがあります。状況を分析し、可能な問題解決を模索する時間が必要なのです。ビジュアライゼーションをする時間をつくり、特定の問題を解決する必要があれば、上手にその時間を有効に使います。日中、精神的にも視覚的にも、あまりに邪魔が多く集中できないでいると、問題解決のスピードが減退してしまいます。これはあなたが、やめられない習慣も含まれます。同じように、一番大切な時にやってしまう最悪なことだったりします。冷静であるべきなのに、怒りを爆発させてしまったり、感情的になりすぎたり。

アスリートを取り巻く状況はさまざまで、どう対処したらいいのかがわからないために、成功が遅れたり実現できなかったりしてしまうのです。

ステップ１　問題解決とビジュアライゼーションの時間を作ります。

ステップ２　問題解決は、何が問題で、どうあなたに影響するかを明らかにすることです。

ステップ３　正しい方向や、問題を排除することができるような別の解決法を探します。ある時は、似たようなの状況にいた人に、どう問題に対処したか聞いてみて、解決法があなたの選択として合うか、判断してください。

ステップ４　どうやって物理的に解決するか、できる限りはっきりと現実的にビジュアライゼーションします。

ステップ５　精神的に、うまくいかず別の解決法も見つからなかったら、訂正をします。単純に現実では解決をして、うまくいかないならもっと良い解決法を見つけるために、またビジュアライズに戻るということです。これはビジュアライゼーションテクニックというより、むしろ「試行錯誤」法です。しかし、ビジュアライゼーションと組み合わせることによって、実用的な手段として使うことができます。

目標志向のビジュアライゼーションとは？

目標志向のビジュアライゼーションとは、ビジュアライズする時に、特定の目標を達成することに焦点を当て、脳内で作るメンタルイメージとビデオのことです。これはコンテストに勝つこと、記録を向上すること、1日何時間も多くトレーニングすること、食事にタンパク質「X」量を追加すること、それほど疲れないこと、などがあてはまるかもしれません。（これらは結果基準の目標、またはパフォーマンス基準の目標です。アスリートとして両方とも、ビジュアライゼーションセッションと未来の発展のために重要です。）

これはあなたの体のために訓練することです。すべて努力の終わりに、よい結果を得るために。ビジュアライゼーションを使うことは、競技のために準備するという、最後に一番重要な役割を果たすことで、トレーニングを完了します。最も大事なときに、最高の状態でパフォーマンスできるように、心と体を準備します。栄養とトレーニングで、体の準備します。瞑想、呼吸パターンとビジュアライゼーションがあなたの脳を準備します。両方の組み合わせは、あなたに大切な、試合での優勢を最大限にするでしょう。

第8章: ビジュアライゼーションテクニック: モチベーションのビジュアライゼーション

インスピレーションを受ける

ビジュアライゼーションを通してあなた自身の成功を見ることで、インスピレーションを受けることは、人生を創り出す上で重要なイメージの経験と素晴らしい効果をもたらします。インスピレーションを受けることを学び、自分の人生において可能であると信じてください。アスリートの多くは、十分に大きな夢を持たず、自分自身に制限をかけてしまいます。少しの計画と鍛錬で、どんなに困難に思えても多くのことが可能なのです。

モチベーションのビジュアライゼーションとは?

モチベーションのビジュアライゼーションは、あなたが自信をもって明るく、成功しているメンタルイメージです。増幅されたポジティブな自己イメージを通して触発することは、パワフルで生活の他の部分にも波及効果を生み出します。

ビジュアライゼーションする時、あなた自身ゴールに達していると想像してください。

モチベーションのビジュアライゼーションの、準備のための質問です。

- どんなユニフォームや服装を選びますか？
- 世界中の自信があなたにあったら、試合前にどんな風に歩きますか？
- ベストな試合の環境はどんなものですか？
- 試合に勝つ時、どんな表情をしますか？
- あと５キロ痩せて、引き締まって、速く、瞬発力が上がったらどう見えますか？
- 自信があったらどう見えますか？
- 試合に勝ったり、目標を達成したらどうしますか？

目標を達成したのを見ることによって、そのためのできる限りの努力をすることになるので、願望に届くよう発展しようとします。目標を達成する強い意志を持つことは、チャンスを引き上げ成し遂げるパワーになり、精神的な勝利が本当の勝利を可能にすることでしょう。

モチベーションのビジュアライゼーションは、結果的に全体の運動競技生活を向上させ、私生活の上の他の目標に使うこともできます。特に悪習慣を断ち切ろうとしているのなら、例えば、喫煙、アルコール、コントロールできない怒りや不安、食べ過ぎ、パーティー、ギャンブルなどに使えます。

第9章: ビジュアライゼーションテクニック: 問題解決のビジュアライゼーション

ビジュアライゼーションは適切に行い、ベストな問題解決テクニックに向けられるべきです。そのため何が一番効率的か決めることは、重要なステップです。アスリートがどう問題に取り組んでいるか、みてみましょう。

アスリートはどう問題に取り組んでいるか？

アスリートが、問題に取り組んで、解決しようと試行する多くの方法があります。「試行」はキーワードです。

これらは、アスリートがどのように問題解決に取り組んだのか、よく見られた例です：

怒りの解決法

問題があると腹を立てイライラし、ネガティブな感情によって打ちのめされて、脳がもうほとんど対処できないという時点までに至ってしまいます。

怒りは正常で、そして普通の感情的な反応ですが、必ずしもポジティブな結果につながる解決法にはなりません。問題の解決を試みるとき、取り組む必要がある現実の

問題に、集中するできるように、感情はとりあえず置いておく必要があります。

怒りをコントロールすることは、時に難しく克服に時間を要しますが、ビジュアライゼーション、瞑想、ヨガのような具体的な活動を始めるのは、素晴らしい方法です。

「非難ゲーム」の解決法

自分のミスやわざと起こした問題を、他人のせいにするアスリートは自分で責任を負いません。自分の失敗や問題を他人のせいにすることは、成功しないことの正当化ですから楽な方法です。しかしそれでは、まったく問題を解決しません。

他にも、気候の変化と環境がすべての競争相手に影響を与えるにもかかわらず、器材や環境のせいにする人もいます。器材の誤動作に責任を負わせることは、適切な準備が簡単に問題を解決につながりますから焦点を当てることではありません。それに器材の欠陥はまったくないこともあるわけですから、自分以外の何かに責任を負わせる方法に過ぎません。そのような行動に責任をとることは難しいのですが、本当の解決に進む、最も建設的な方法です。

「泣き言」の解決法

泣き言と不平を言うことは、あなたの声が他人に聞いてもらえているような気がしますが、問題解決のステップを踏んでいませんから、状況を修復することに対して失敗の避けられない結果を遅らせるだけです。泣き言を言うことは子供の時に、欲しいものが手に入らなくて始まります。最悪なのは、正しく問題を解決することができないから不平を言っていることです。

ネガティブなパフォーマンスに対処することを学ぶことは、精神的なタフさを身につけるときの主軸であるべきです。精神的にタフになることは、これまでに成功への楽な道を選んできている限り、起き得ません。通常ネガティブな結果と失敗に屈服しないことから、得られるものなのです。

「諦める」解決法

成功する努力を怠ることと、諦めることは基本的にアスリートがする選択ではありません。もっと良い選択があるわけですから、誇りに思うものではありません。脳のトレーニングで、諦める代わりに成功するための選択肢を見いだすことは、良い方法で効果的でしょう。

「常習犯」の解決法

常習犯とは、異なった結果を予想して、繰り返し同じミスをし続けるアスリートのことです。私たちは、すべてこのメンタルエラーの被害者でした。しかしこの過失を認めることは、結果的に本当の変化を望む人のためのターニングポイントになります。

問題解決を変えることは、正確な方向ではないかもしれませんが、すでに向上しているのです。それは異なった方針で変わろうとするチャンスを与えるでしょう。

「試行錯誤」の解決法

「試行錯誤」の解決法は、単純に問題への新しいアプローチを試みることと、問題解決であるかどうか見極めることです。結果として最終的に正しい解決法かもしれないのですが、思っていたより時間がかかってしまうことがあります。

これは前に述べた他の解決法よりずっと良いアプローチです。しかし明白な原因と状態を、あなたの選択から分けることでもっとよい選択を学ぶことができます。それは次に続きます。

「ベストな確率」の解決法

問題を解決するとき、別の選択と解決できる選択があることわかっています。でもどれが有効で、ビジュアライゼーションする価値があるのかを知ることは大変役に立ちます。

見込みのある確率を使うことは、心で解決しようとしていることを数字化する効果があります。

例えば、もしあなたが毎回ウォーミングアップ時に、なぜだかわからないけれどイライラし始めるとします。結局、ウォームアップが終わった途端にイライラが消え失せます。そして清々しく感じます。今、実際のパフォーマンスにビジュアライズの焦点をあてることは問題の１０％以下で、ウォームアップが、本当はあなたの問題の９０％であることがわかります。精神的にパフォーマンスに取り組むことができますが、ウォームアップの問題を解決することに気づくことは、問題の９０％を占めますから、貴重な結果をもたらすでしょう。そして全体的なパフォーマンスの９０％も向上するでしょう

もう１つの例として、プレッシャーのある状況におかれるといつも動けなくなって、成果を上げられないと言う場合です。その重要な瞬間は過去の実績に基づいて、結果の１００％を占めます。それが一番変化させて達成したいことでしょうから、ビジュアライゼーションセッションの１００％を、その重要な瞬間に対する解決を見極

めることにに集中させるべきです。それが最も生産的な時間の使い方です。

何が一番重要かに集中することは大きな変化で、集中することを学んでください。解決した結果が本当の向上に結びつかないような、とるに足らない問題に関してではなく、最もあなたに効果があるビジュアライゼーションを目指してください。

第１０章: ビジュアライゼーションテクニック: 目標志向のビジュアライゼーション

パフォーパンス基準の目標 vs 結果基準の目標

目標志向のビジュアライゼーションを始める前に、ビジュアライズによって何を達成したいのか、どの方法が最適なのか明確にイメージをする必要があります。

パフォーマンス基準の目標とは？

パフォーマンス基準の目標は、成功するために必要なことを知ってそれをすることで達成できるシンプルなゴールです。これらは身体的であったり、精神的なものです。パフォーマンスを発揮している間に、競争相手や家族、友人たちを見ないことは、パフォーマン目標の素晴らしい例です。

もしあなたが始めたことから、試合の後で目標に届き達成できているのなら、結果基準の目標にも近づいているはずです。

もう１つのパフォーマンス基準の目標の例が、落ち着いた状態でいることに焦点をあて、試合の間に呼吸することです。最終的にこの目標に達することは、あなたの目的でしょう。目標を達成することは、成功と可能性の実

感に近づくのに役立ちます。シンプルで簡単で、あなたが１００％コントロールするできるのです。最初のうちできなくても、頑張り続ければ最終的に達成することができることがわかっているはずです。そして新しく、さらに難しいか別のパフォーマンスの目標を立てることができます。

アスリートができるパフォーマンス基準の目標の例です。

- 毎日腕立て伏せを一回増やす
- 毎日１０分間ストレッチ
- プレッシャーの中で深呼吸
- 目下の課題に集中して、周りに気をとられないようにする
- 期待はずれのパフォーマンスでも冷静でいる
- 困難な状況で硬直しても、エネルギッシュでいる

自分のパフォーマンス基準の目標を作って、成し遂げられる限りさらに難しくしていくことができます。

結果基準の目標とは？

結果基準の目標は、そこに着くまでのプロセスではなく、最終結果に焦点を当てたあなた自身のために作るゴールです。結果基準の目標の例としては、勝つこと、試合の決勝戦に到達すること、「ｘ」キロのウエイトを持ち上げる、ベストタイムを更新する、１位になるなどです。アスリートがそれぞれ異なった目標を持っていて、そしてまだ同じ目標に到達することができます。

アスリートができる結果基準の目標の例です。

- 今年中に５つのチャンピオンシップで勝つ。
- 世界新記録を出す。
- 国で１番になる。
- １位のメダルやトロフィーを勝ち取る。
- チームで決勝トーナメント１位になる。
- 今で以上に高くジャンプする。
- 一番速いタイムで走る。
- 一番遠い距離を泳ぐ。
- 誰よりも早くゴールに着く。

結果基準の目標は一貫性を持って準備し、徐々にパフォーマンスの目標を上げることで結果が出ます。

ビジュアライゼーションする時、あなたの成功が、パフォーマンスと結果の両方の目標に到達しているのをイメージする必要があります。数日ごとに、それぞれに焦点を合わせるのを交互に行なうか、または最初のうちは、パフォーマンス基準の目標に向かって根気よく続けてもよいでしょう。そのうち楽に到達しているように感じてきたら、結果基準の目標に移ることができます。

目標設定は前進することへの鍵で、到達するための努力に対し明確なイメージを持てるように、少なくとも週に１回はビジュアライゼーションしましょう。それは前進して、あなた自身がプロセスを進むのを確認するよい方

法です。ビジュアライゼーションを通して、心でその方針を綿密に計画し、そしてトレーニングや試合をする時それらを実行にすることで、目標を現実に変えてください。

第１１章：クロスフィットの成果を最大に得るためのビジュアライゼーションの方法

あなたがビジュアライズを通して、最大の結果の達成を望むのでしたら、**毎回正確なステップを進んでください**。もしステップを変えたり、無視してしまうと、ビジュアライゼーションセッションの結果を変えることになってしまいます。

ステップ:

1: 邪魔が入らない静かな場所を確保します。

2: ビジュアライズをする所に、マット、タオル、毛布または椅子を置きます。

3: ビジュアライズの３０分前に、シェイクか軽くスナックを口にします。

4: セッション全体通して、快適な姿勢を選んでください。椅子の上に座る、マットに横たわる、床に座る、マットにひざをつく、あるいは他の快適なビジュアライズの姿勢などです。

5: あなたの呼吸パターンを始めてください。静かにリラックスしたければ、息を吸うよりもたくさん吐きましょう。例えば、４秒で呼吸して、そして次に６秒間息を吐

き出してみましょう。リラックスしているか目を覚ましたばかりの時は、活性化のためにあらかじめ割合を決めておいて、息を吐くより多くの空気を吸い込みます。例えば５秒吸い込み、３秒吐き出してみます。あなたの呼吸が心を落ち着かせ静かな状態でベストなビジュアライズができるように、少なくとも４回から６回は、呼吸を繰り返す必要があることを覚えていてください。すべての呼吸パターンで、鼻から空気を吸い、口から吐きます。

6: 呼吸パターンの章で説明された方法で、呼吸パターンをやり終えたら、あなたは何を得て達成したいのかということに焦点を当てましょう。または、シンプルに心の中に思い描きましょう。どんなビジュアライゼーションセッションにしたいのか決めます。目標に集中するか、モチベーションを上げるか、問題を解決するかなどです。

7: この考えは現実のシチュエーションの中で、今心にある短いまたは長い精神のムービークリップを発展させます。最初の心の中の願望を最終的な目標まで達成することに役立たせます。可能な限り具体的に、そのプロセスでリラックスした状態でいてください。この７番目のステップは、プロセスにビジュアライズすることを加えます。

8: アスリートはビジュアライズのセッションを終える時の呼吸を、始めた時と同じようにする必要があります。

試合が同じ日になければ、次の例のようなゆっくりの呼吸パターンを使うことができます。

通常のゆっくりした呼吸パターン: 始めにゆっくりと鼻からを空気を吸い、そして５まで数えます。そしてゆっくりと吐きながら、５から１まで数えます。完全にリラックスしてビジュアライズする準備ができたと感じるまで、４回から１０回繰り返しましょう。この呼吸パターンでアスリートは、鼻から息を吸って、口から吐くことに集中しましょう。

もし同じ日に試合があって、心と体をエネルギッシュにしたいのなら、次にあるような速い呼吸パターンで終わります。

通常の速い呼吸パターン: 始めにゆっくりと鼻からを空気を吸い、そして５まで数えます。そして、ゆっくりと吐きながら、３から１まで数えます。完全にリラックスしてエネルギッシュになるまで、６回から１０回繰り返します。この呼吸パターンではアスリートは、鼻から息を吸って口から吐くことに集中しましょう。

第１２章：クロスフィットにおけるモチベーションのビジュアライゼーションセッション

セッションを始める前に:

セッションを始める前にビジュアライゼーションセッションでは、何が主なトピックなのか心に思い浮かべます。この場合は今まで達成したことのない目標から始めます。山頂への到達、特定のタイムより早く走ることができた、一番高くジャンプすることができた、休みなしで最低５０ラップ泳ぐなどです。ビジュアライゼーションは、実際の試合と同様トレーニングの向上に利用するべきです。

日時: 土曜日の朝。日課の身体トレーニングの一時間前にスタートします。(トレーニングカレンダーを用意してセッションのプランを立てると、できるだけ定期的に繰り返し続けられ、やる気が出てきます。)

場所: 家の中の暗い部屋で、ヨガマットを敷きます。

用意するもの: タオル、水、リラックスできる服装、ヨガマット。

準備: このセッションを始める前に、私はマンゴーとイチゴのミルクシェイクと低脂肪ヨーグルトを食べました。

この他には、私のマインドをよい状態にするためにストレッチをして、呼吸に集中するようにしました。

ビジュアライゼーションセッションを始めます（私がビジュアライズするように、例を挙げています。「私」が何度も出てきます。私がどう感じてセッションをやり遂げようとしているのか、あなたが理解するのに必要ですし役立ててください）：

始めに３秒鼻から息を吸い、口からゆっくり６秒吐いて、このパターンで３−６回呼吸します。私は４回繰り返したら、心拍がゆっくりになってリラックスしているのかを確かめます。

横になりながら、私は裸足のつま先を前後左右に動かし始めます。そしてふくらはぎも動かし、緊張をほぐしていきます。それから太ももからお尻まで動かし続け、たまっていた緊張をリラックスさせます。

始めと同じパターンで、ゆっくりと深い呼吸を続けて私の中の強度のレベルを下げ、思考と感情をうまくコントロールできるようにします。

今度はお腹に集中し、腹筋を使って息を吸ってお腹をふくらませ、息を吐いてお腹をへこませ呼吸を統一するようにします。この動作で私の肺も、呼吸に合わせてふくらんだり縮んだりします。

指先を動かし、手を優しく開いてしばらく慣れさせます。私の腕と肩もリラックスし始めて、床に楽に横たわることができるようになります。

そうしたら私は、首と頭の下部の筋肉を動かし頭をまっすぐにキープします。頭が楽なように、重力に任せて左右どちらか一方に傾けます。

正しい考え方でいるために、思い出深く素晴らしい景色をイメージし始めます。

私は広々と街全体が見渡せるような、山の頂上に立っています。風は強く涼しげに吹いています。私の髪は四方になびいてとっても清々しく、ただその時その瞬間を吸収しています。地面は冷たく安定しています。自由で開放的で感動的です。車と人々が遠くの下の方で動いているのが見えます。私が山の頂上をゆっくり歩くと、見事な景色です。

さあ、ここでビジュアライゼーションセッションを始めます。

私はビジュアライゼーションセッションを始め、決まった時間に終わりまで走り終えるようペースを計算しています。両足をストレッチしジャンプして、ウォームアップします。限界まで近づけるよう準備し、私の感情もそれを望んでいます。ストップウォッチを用意し、スタートボタンを押します。私の両足は、地面を力強く蹴り上げます。私は必要なペースを保つのに正しい姿勢になるために、体を前方に傾けなければなりません。腕を素早く動かし、効果的に一歩一歩が調和するようにします。

疲れ始めてくると歩幅を長くとる必要があり、両足は遠くへ遠くへ届きます。

呼吸パターンに集中して、３秒吸って３秒吐きランニング強度を保ちます。

最高の気分で、私は完全にエネルギーに満ちあふれています。腕時計を見ると理想のタイムより数秒遅いので、もっと早く走り始めます。ゴールが近づくにつれて、目指すタイムが確実に なるようにラストスパートをかけます。

また呼吸パターンに集中し、２秒吸って２秒吐きランニング強度を持続させます。

フィニッシュに近づき私の両足は痛み、疲れがありますがあともう一息なので止まることはできません。私は身を乗り出しゴールを切り、記録的なタイムで走り終えました。私はやり遂げようとすべての努力をすれば、できることはわかっていました。

なんてゴールを達成するのは、本当に大変で時間がかかるのでしょう。でもこれまでしてきた努力は、この走りを生む価値がありました。

ビジュアライゼーションセッションを終えるのに、私は息を６秒吸って４秒吐き、呼吸パターンをコントロール

します。これは心拍をゆっくりにし、私の感情と思考をコントロールするのに役立ちます。この呼吸パターンを３回繰り返します。

体を再起動するために、またつま先を動かし始めます。今度は感覚を目覚めさせるためです。ふくらはぎと両脚の上の部分を、左右にゆっくり動かします。またお腹をふくらまし空気を取り入れ、へこませて息を吐き出します。そうして呼吸パターンに集中しながら、肺を拡張収縮させます。優しく指を動かしながら、手足を目覚めさせます。私の前腕と肩は力強さを取り戻します。頭は中心位置に戻り、私はゆっくりとヨガマットの上に座ります。そして立ち上がり、私のビジュアライゼーションセッションは終わります。

最後に: セッションを終えたら用意したものを片付けます。トレーニングに関連のあると感じたこと、試合前や最中に役立ちそうだと思ったことなどをなんでもいいので書き留めておきましょう。単に、どんな風に歩いたとかどんな外見だったかでもいいのです。そしてビジュアライズで見たのと同じような服や外見に変えて、ビジュアライゼーションの中で成功していた自分に近づけます。次のセッションのプランを立てて、同じメンタルイメージを繰り返したいのか、他に利点がある事や考える必要がある事に移りたいのか決めましょう。

第１３章：クロスフィットにおける問題解決のビジュアライゼーションセッション

セッションを始める前に:

セッションを始める前に、どんな問題を解決改善したいのか決めます。今回は私の試合の大事な瞬間に、緊張を克服する事に焦点を当てます。同時に恐れや不安も乗り越えます。

日時: 水曜日の朝。試合の３日前。(トレーニング カレンダーを用意してセッションのプランを立てると、できるだけ定期的に繰り返し続けられ、やる気が出てきます。)

場所: 暗い部屋で、毛布の上に横たわります。

用意するもの: タオル、水、リラックスできる服装、毛布。

準備: このセッションを始める前に、私はココナツ、パイナップル、バナナとミルクプロテインを加えたミルクシェイクを飲みました。この他には、私のマインドをよい状態にするためにストレッチをして、呼吸に集中するようにしました。

ビジュアライゼーションセッションを始めます:

始めに3秒鼻から息を吸い、口からゆっくり6秒吐いて、このパターンで3-6回呼吸します。私は4回繰り返したら、心拍がゆっくりになってリラックスしているのかを確かめます。

横になりながら、私は裸足のつま先を前後左右に動かし始めます。そしてふくらはぎも動かし、緊張をほぐしていきます。それから太ももからお尻まで動かし続け、たまっていた緊張をリラックスさせます。

始めと同じパターンで、ゆっくりと深い呼吸を続けて私の中の強度のレベルを下げ、思考と感情をうまくコントロールできるようにします。

今度はお腹に集中し、腹筋を使って息を吸ってお腹をふくらませ、息を吐いてお腹をへこませ呼吸を統一するようにします。この動作で私の肺も、呼吸に合わせてふくらんだり縮んだりします。

指先を動かし、手を優しく開いてしばらく慣れさせます。私の腕と肩もリラックスし始めて、床に楽に横たわることができるようになります。

そうしたら私は、首と頭の下部の筋肉を動かし頭をまっすぐにキープします。頭が楽なように、重力に任せて左右どちらか一方に傾けます。

心と考えをリラックスさせるために、つつましく感謝の気持ちで一杯になるような場所をイメージします。私は、穏やかなようで力強い滝のふもとにいます。滝水が水面

を叩きつける強さは、圧倒的で豪快です。豪快な音にもかかわらず、私の心は平穏でリラックスしています。私はただ座って、滝が流れ落ちるのを聞いています。私を囲む樹木と草花は、信じられないほどに色鮮やかです。水の中に入って、滝に近づいて行きます。温かくてやわらかです。水しぶきが顔にかかると、自然は私の人生の大切な一部なのだということに気づくのです。

この瞬間から離れたくないのですが、私のビジュアライゼーションセッションに進む時です。

さあ、ビジュアライゼーションセッションを始めます。

私はパフォーマンスをするところですが、とても緊張しています。どうしてか分からないけれど、とても緊張していてどうにかしたいのです。他の人も緊張や神経衰弱寸前でいるかどうか、周りを見渡すのですが、みんな集中していて活気づいています。その人たちに緊張しているような素振りはありません。私は負けるのが怖くてそれを断ち切りたいのです。でも突然、その瞬間を楽しんだ方がうまくいくことに気がつきました。それで笑顔をつくり、息を殺していたので呼吸に集中するようにしました。

呼吸パターンに集中して、8秒で息を吸い4秒で吐きます。

これで落ちついたので、この呼吸パターンをあと5回繰り返します。

私は勝ちたいし、この恐れに立ち向かいエネルギーをゴールに向けて集中しないとそれは叶わないことはわかっています。もっとリラックスして、自信を持ち始めます。今、行動に移す時です。私は最後まで頑張り、目標を上回ります。ついに勝利を掴みました。

恐れと緊張に対する私のアプローチは、困難な逆境を乗り越えるのに役立ちました。自分自身を知るということは、半分は戦いです。後の半分は自分自身で作ってしまった限界を、どう解放するのか学ぶことです。

ビジュアライゼーションセッションを終えるのに、私は息を6秒吸って4秒吐き、呼吸パターンをコントロールします。これは心拍をゆっくりにし、私の感情と思考をコントロールするのに役立ちます。この呼吸パターンを3回繰り返します。

体を再起動するために、またつま先を動かし始めます。今度は感覚を目覚めさせるためです。ふくらはぎと両脚の上の部分を、左右にゆっくり動かします。またお腹をふくらまし空気を取り入れ、へこませて息を吐き出します。そうして呼吸パターンに集中しながら、肺を拡張収縮させます。優しく指を動かしながら、手足を目覚めさせます。私の前腕と肩は力強さを取り戻します。頭は中

心位置に戻り、私はゆっくりとヨガマットの上に座ります。そして立ち上がり、私のビジュアライゼーションセッションは終わります。

最後に: セッションを終えたら用意したものを片付けます。トレーニングに関連のあると感じたこと、試合前や最中に役立ちそうだと思ったことなどをなんでもいいので書き留めておきましょう。単に、どんな風に歩いたとかどんな外見だったかでもいいのです。そしてビジュアライズで見たのと同じような服や外見に変えて、ビジュアライゼーションの中で成功していた自分に近づけます。

次のセッションのプランを立てて、同じメンタルイメージを繰り返したいのか、他に利点がある事や考える必要がある事に移りたいのか決めましょう。

クロスフィットのための 先進的なメンタル強化 トレーニング

第14章：クロスフィットにおける目標を明確にするビジュアライゼーションセッション

セッションを始める前に、どんな結果基準の目標をビジュアライズするのかを決めます。この場合は試合に勝ち、トロフィーを手にしメダルを授与されることをビジュアライズします。

結果基準の目標: 試合で勝つための自信に満ちた自分をビジュアライズします。

日時: 金曜日の夜。試合の一日前。(トレーニングカレンダーを用意してセッションのプランを立てると、できるだけ定期的に繰り返し続けられ、やる気が出てきます。)

場所: 暗い部屋で、タオルの上に横になります。

用意するもの: タオル、水、リラックスできる服装、扇風機。（涼しい環境で音楽をかけると、集中しながらリラックスできます。）扇風機を使うかどうかは自由です。あなたの好きなように、他にクラシック音楽などを使ってもいいでしょう。

準備: このセッションを始める前に、私はバナナ、イチゴ、ココナツのミルクシェイクを飲みました。この他には、私のマインドをよい状態にするためにヨガをして、呼吸に集中するようにしました。

ビジュアライゼーションセッションを始めます:

始めに3秒鼻から息を吸い、口からゆっくり6秒吐いて、このパターンで3-6回呼吸します。私は4回繰り返したら、心拍がゆっくりになってリラックスしているのかを確かめます。

横になりながら、私は裸足のつま先を前後左右に動かし始めます。そしてふくらはぎも動かし、緊張をほぐしていきます。それから太ももからお尻まで動かし続け、たまっていた緊張をリラックスさせます。

始めと同じパターンで、ゆっくりと深い呼吸を続けて私の中の強度のレベルを下げ、思考と感情をうまくコントロールできるようにします。

今度はお腹に集中し、腹筋を使って息を吸ってお腹をふくらませ、息を吐いてお腹をへこませ呼吸を統一するようにします。この動作で私の肺も、呼吸に合わせてふくらんだり縮んだりします。

指先を動かし、手を優しく開いてしばらく慣れさせます。私の腕と肩もリラックスし始めて、床に楽に横たわることができるようになります。

そうしたら私は、首と頭の下部の筋肉を動かし頭をまっすぐにキープします。頭が楽なように、重力に任せて左右どちらか一方に傾けます。

正しい考え方でいるために、思い出深く素晴らしい気分になれるようなイメージし始めます。私は日の落ちた暗いビーチにいて、月と星が見えます。波が互いにぶつかり合いしぶきを上げて、寄せては返すのが見えます。私の足はぬるい海の水を感じ、砂が指をすり抜けます。風が優しく私の体をなでていきます。気温はちょうどよく、温かでそんなに湿っぽくありません。

この瞬間から離れたくない気分です。そういう時こそビジュアライゼーションセッションを始める時です。

ビジュアライズを始めると、疲れて汗をかいているのですが私は笑顔でいます。試合を見ると私は成功したようですが、本心の満足感は、激しく打ち続ける心を直に感じることです。両足はこわばっていますが、ただ固さを揺さぶって取り除き、歩き回ります。友人達と家族が私の成功を祝福し、とても誇りに思ってくれています。私はとても興奮して自分の成し遂げたことに感動しています。

呼吸パターンに集中して、4秒で息を吸い4秒で吐きます。

私の名前が呼ばれ、心臓が止まりそうです。成し遂げた甲斐のあった成功を受け取るために、すぐにでも走りたい思いですが、ゆっくりと歩いてその瞬間を味わいます。試合で服が湿っていて、まだ汗をかいています。私の姿勢は強くまっすぐで、成し遂げた事にふさわしい自分に誇りを持っています。自信を持ちエネルギッシュに歩きます。両手をリズミカルに振り、頭は高く上げています。賞を授与され、素晴らしい試合ができたのはみんなのおかげだと感じます。歩いて戻りながら、受け取った賞を友人達や家族に見せ、笑顔になります。

私は目的を達成しました。鍛錬し、一生懸命努力し、前向きなトレーニングと姿勢でいることを決心し、そして成し遂げました。

ビジュアライゼーションセッションを終えるのに、私は息を6秒吸って4秒吐き、呼吸パターンをコントロールします。これは心拍をゆっくりにし、私の感情と思考をコントロールするのに役立ちます。この呼吸パターンを3回繰り返します。

体を再起動するために、またつま先を動かし始めます。今度は感覚を目覚めさせるためです。ふくらはぎと両脚の上の部分を、左右にゆっくり動かします。またお腹をふくらまし空気を取り入れ、へこませて息を吐き出します。そうして呼吸パターンに集中しながら、肺を拡張収

縮させます。優しく指を動かしながら、手足を目覚めさせます。私の前腕と肩は力強さを取り戻します。頭は中心位置に戻り、私はゆっくりとヨガマットの上に座ります。そして立ち上がり、私のビジュアライゼーションセッションは終わります。

最後に: セッションを終えたら用意したものを片付けます。トレーニングに関連のあると感じたこと、試合前や最中に役立ちそうだと思ったことなどをなんでもいいので書き留めておきましょう。単に、どんな風に歩いたとかどんな外見だったかでもいいのです。そしてビジュアライズで見たのと同じような服や外見に変えて、ビジュアライゼーションの中で成功していた自分に近づけます。次のセッションのプランを立てて、同じメンタルイメージを繰り返したいのか、他に利点がある事や考える必要がある事に移りたいのか決めましょう。

パフォーマンスに基づく目標セッションを始める:

このセッションを始める前に、どのようなパフォーマンスに基づく目標を立てるのか、その目標を上回るのは簡単か困難か、広範囲に渡るのかシンプルなのか、好きなように決めます。

パフォーマンスに基づく目標: エネルギッシュで、力強い足の動きをする自分をビジュアライズします。

日時: 月曜日の午後。試合の3日前。(トレーニングカレンダーを用意してセッションのプランを立てると、できるだけ定期的に繰り返し続けられ、やる気が出てきます。)

場所: 暗い部屋で、タオルの上に横になります。

用意するもの: タオル、水、リラックスできる服装、バックグラウンドに雨音があるような自然の音楽。

準備: このセッションを始める前に、脂肪の少ないタンパク質のランチを食べました。私のマインドをよい状態にするためにヨガをして、呼吸パターンをしました。

ビジュアライゼーションを始めます:

始めに3秒鼻から息を吸い、口からゆっくり6秒吐いて、このパターンで3-6回呼吸します。私は4回繰り返した

ら、心拍がゆっくりになってリラックスしているのかを確かめます。

横になりながら、私は裸足のつま先を前後左右に動かし始めます。そしてふくらはぎも動かし、緊張をほぐしていきます。それから太ももからお尻まで動かし続け、たまっていた緊張をリラックスさせます。

始めと同じパターンで、ゆっくりと深い呼吸を続けて私の中の激しさのレベルを下げ、思考と感情をうまくコントロールできるようにします。

今度はお腹に集中し、腹筋を使って息を吸ってお腹をふくらませ、息を吐いてお腹をへこませ呼吸を統一するようにします。この動作で私の肺も、呼吸に合わせてふくらんだり縮んだりします。

指先を動かし、手を優しく開いてしばらく慣れさせます。私の腕と肩もリラックスし始めて、床に楽に横たわることができるようになります。

そうしたら私は、首と頭の下部の筋肉を動かし頭をまっすぐにキープします。頭が楽なように、重力に任せて左右どちらか一方に傾けます。

心と体を準備するために目を閉じて、感覚を落ち着かせビジュアライズをするのによい気持ちになる場所をイメージします。

太陽は登り始め、私は見渡す限り草で覆われた広々とした草原にいます。牧場の中にいるようです。すべてがグリーンで、セメントの建物もなく、車も騒音も携帯電話もなく、誰もいません。鳥が飛んでいて地面は湿っています。草むらを歩き、右側に立っている木々は高く、風に揺れています。空気は涼しくて乾いています。日が昇るにつれて、日光を浴びようと頭を地面から持ち上げ、その輝きは世界を照らしています。私は両手を挙げ、新しい一日の始まりと生きるチャンスの匂いを楽しんでいます。

ビジュアライゼーションセッションを始める準備ができました。

私のビジュアライゼーションセッションは、騒音と気の散る物に囲まれて始まるのですが、気をとられてはいけません。呼吸に集中してリラックスします。

呼吸パターンに集中し、3秒息を吸い3秒吐いて、これを3回繰り返します。

セッションを始めると私は、強く果断な気持ちのこもった顔を向けます。どんなことがあろうとも私の姿勢は、目標を達成することに向かっています。足を動かし今にも活発に動き出すように、体にエネルギーが満ちあふれています。私はエネルギーのレベルが高いと、ベストのパフォーマンスができるということはわかっています。

絶え間なく体が動いていて実行する準備はできています。反射はシャープで用意はできています。力強く自信のある感情を持ち、エネルギッシュに足を動かし続けることで目標を成し遂げています。

私はやりました。明確なパフォーマンスの課題をこなすことで、目標を達成しました。究極の目標を果たすことは成功ですが、始めにパフォーマンスの目標に達しなければ成し得ることはできませんでした。

ビジュアライゼーションセッションを終えるために、私は息を６秒吸って４秒吐き、呼吸パターンをコントロールします。これは心拍をゆっくりにし、私の感情と思考をコントロールするのに役立ちます。この呼吸パターンを３回繰り返します。

体を再起動するために、またつま先を動かし始めます。今度は感覚を目覚めさせるためです。ふくらはぎと両脚の上の部分を、左右にゆっくり動かします。またお腹をふくらまし空気を取り入れ、へこませて息を吐き出します。そうして呼吸パターンに集中しながら、肺を拡張収縮させます。優しく指を動かしながら、手足を目覚めさせます。私の前腕と肩は力強さを取り戻します。頭は中心位置に戻り、私はゆっくりとヨガマットの上に座ります。そして立ち上がり、私のビジュアライゼーションセッションは終わります。

最後に: セッションを終えたら用意したものを片付けます。トレーニングに関連のあると感じたこと、試合前や最中に役立ちそうだと思ったことなどをなんでもいいので書き留めておきましょう。単に、どんな風に歩いたとかどんな外見だったかでもいいのです。そしてビジュアライズで見たのと同じような服や外見に変えて、ビジュアライゼーションの中で成功していた自分に近づけます。

次のセッションのプランを立てて、同じメンタルイメージを繰り返したいのか、他に利点がある事や考える必要がある事に移りたいのか決めましょう。

あとがき

ビジュアライゼーションは、あなたがどのように限界を感じていても、パフォーマンスに重要な変化をもたらします。心には限界がなく、不可能と思っていても達成させようとするのです。練習をすることで、ビジュアライゼーションの能力を身につけることができます。変えられると信じれば本当に可能なことを、イメージをすることで多くの楽しさと喜びを持つことでしょう。あなたが心で叶えたいことをビジュアライズすることは、現実の人生で究極の成功につながる道を示すものだ、ということを覚えておいてください。

クロスフィットのための 先進的なメンタル強化 トレーニング

この著者の他のタイトル

The Ultimate Guide to Weight Training Nutrition: Maximize Your Potential

By Joseph Correa

Becoming Mentally Tougher In Bodybuilding by Using Meditation: Reach Your Potential by Controlling Your Inner Thoughts

By Joseph Correa

www.ingramcontent.com/pod-product-compliance
Lightning Source LLC
Chambersburg PA
CBHW070147080526
44586CB00015B/1886